En pays de prière

Valentine Dubois

En pays de prière

Recueil

LE LYS BLEU
ÉDITIONS

ISBN : 979-10-377-4869-0

Déjà parus

L'amante de Belle-Île, Éditions Baudelaire, 2009 ;

Nouvelles de l'océan, Éditions Publibook, 2011 ;

Roses de l'errance, Éditions Publibook, 2013 ;

Belle-Île en vers et en couleurs, Valentine Dubois et Richard Heitz, Éditions Société des écrivains, 2014 ;

Au-delà de mes pas, Éditions Rêves de Rose, 2016 ;

Petits poèmes et grandes nouvelles, Éditions Rêves de Rose, 2017 ;

Au fil de flots, Éditions Rêves de Rose, 2019 ;

Ouverture facile, Valentine Dubois et Alain Garo, Éditions Unicité, 2019.

Préface

Valentine Dubois est à l'évidence une lyrique. C'est pourquoi Valentine Dubois est poète.

Car être lyrique et être poète sont une même chose, ou plutôt une seule aventure.

D'où en effet qu'elle advienne, dans tous temps et par tous lieux, on dirait bien que la poésie est lyrique.

Cela veut dire, pour commencer, un chant, soulevé par le saisissement d'une sensation, ou par l'emportement d'une admiration, ou par l'urgence d'un remerciement, mais, peu importent le motif et l'occasion de ce mouvement d'adoration, qui dit salut à telle ou telle scène, et gratitude pour le monde qui y apparaît et qui s'y confirme.

Une mer qui est une abbesse, une silhouette qui est un amour, un accident qui est une histoire, une circonstance qui est une naissance : le chant du lyrique (le *besoin* du chant, la *témérité* du chant, la *foi* du chant) noue son ventre, pousse son isthme, déboule dans sa gorge, éclate à sa bouche, inonde sa face. Et c'est comme si une porte interminablement fermée soudain cédait, et s'ouvrait à un air comme un fauve qui s'échappe et emplit tout le vide en avant de lui, qui est à la mesure de son attente, de son vœu, de sa vision – de sa faim : immense.

Et le/la lyrique est celui/celle qui aussitôt comprend, accepte et revendique avoir la charge de contreforter et déployer cette *surrection*, par tous travaux qu'il/elle soit capable de mettre en œuvre, la ligne (le vers), l'assonance (la rime), la séquence (la strophe). N'ayant rien à dire sinon la présence, il/elle doit répondre présent/e à cette présence, en en faisant son mystère, et donc sa mission, et d'abord et surtout sa crainte. Pas de lyrique sans tremblement.

Il vient à Valentine Dubois d'abord des mots, des cadences, des images, qui sont simples. Ne lui monte jamais à la tête aucune prétention ni hauteur. Elle ne fait pas secret, ni de sa condition d'apprentie ni de sa pratique d'artisane. Elle n'a qu'une fierté, simple (en écriture et pareillement en sculpture, où elle aime se risquer avec les mêmes mains exploratrices, naïves), c'est sa dévotion au seul travail, acharné et heureux, son addiction à l'essayage, permanent et jubilant, elle n'a qu'un plaisir, franc, celui de couver à perpétuité les premiers jets, les retouches, les dispositions.

N'est-ce pas comme ça : des « simples », qu'on appelle les herbes du Bon Dieu aux jardins de curé, les grands dadais qui dansent autour d'une belle fille, les vierges au visage en feu penchées sur un petit enfant ? Les poésies, ici recueillies et composées, ont toutes sans exception cette simplicité qui leur donne une allure presque médiévale.

Trouées ici de rehauts inattendus, déchirées là de dépressions inquiètes, on les sent en les lisant (et on se surprend à les lire à voix basse), qui tournent la tête, comme cheval au box vers dehors, vers le proche, mais aussi l'inaccessible de la poésie.

C'est que le lyrique, et le simple, se découvrent, à ce tournant, moins certains qu'anxieux d'une présence qui serait Présence. Beaucoup d'êtres chavirent, on le sait, malgré leurs forces ou peut-être à cause d'elles, sur ce bord où le plein devant le vide semble surplomber, mais ne fait que douter. Une Présence qui serait majuscule *travaille* le chant qui lui est voué, le quittant, lui manquant, le tentant, le décevant. La vérité est qu'il n'y a pas, jamais, d'acte de propriété signable pour le poète qui le désire plus passionnément que quiconque, sur cet Être du monde. L'anxiété induite est comme l'envers de la joie inspirée.

Les textes de Valentine Dubois prennent le penché, le soucieux, l'absent, des personnages aux figures à moitié mangées qui subsistent au tympan des vieilles chapelles désertées : veilleurs au-dessus des passants au cou tendu pour tâcher de voir plus loin qu'eux, qui sont toujours en attente de majuscules, quand le silence deviendrait Silence roi de Poésie, quand la nuit deviendrait Nuit reine de Joie. À cette expérience, à cette situation, le singulier *Dialogue de la Marguerite et du Coquelicot*, avec sa manière Renaissance, sait donner un accent troublant, mixte de raideur et de tendresse.

C'est par un très beau titre, en tout cas, simple lui-même, mais surtout exact et donc fort, « En pays de prière », que Valentine Dubois nous accueille. Et il faut que nous n'allions pas trop vite, et que nous écoutions ce qu'il a à dire avant que nous ouvrions le recueil auquel il introduit. *En pays* : y sommes-nous, *en* ce pays, ou y partons-nous, *en* ce pays, est-ce notre résidence ou est-ce notre destinée, en avons-nous connaissance, ou sommes-nous mus et ébranlés par sa recherche ? La possession de ce « pays » est-elle déjà, et toujours, notre titulature, ou n'est-elle jamais que promesse visionnée au-delà de l'horizon ?

La réponse à cette question (qui change tout de la poésie même, selon qu'elle satisferait la faim que nous avons de l'Être ou qu'elle serait famine tirant sur tous nos nerfs et muscles vers l'Obscur), c'est le mot de *Prière* qui la laisse entendre.

Puisque nous savons qu'une prière n'est pas échange de parole entre une divinité et un sujet, mais exactement *l'autre* de ce désir immature : c'est une parole qui s'en va vers un dieu qui n'est pas là et qui précisément est à chercher, et cette parole ne porte pas le message qu'un moi formule et expédie à l'adresse d'un correspondant, elle est une parole en moi que je n'entends pas très clairement, qui se parle à ma place, que quelqu'un en moi, trop timide et trop nécessiteux pour se constituer, sans même parler de se montrer, balbutie et glisse vers quelqu'un qui n'est pas plus là que moi, puisque je suis obligé à son intention d'écrire et de cacheter et de lâcher à l'aventure ces mots vitaux, qui vont vers lui sans connaissance du chemin.

« Pays » est ainsi, en poésie, non pas le sol où le lecteur a les pieds plantés comme un paysan sur sa terre ou un îlien sur son roc, mais cette espèce de « patrie » imaginaire, sans laquelle pourtant la vie a lieu, vers laquelle la vie essaye de faire chemin pour *se présenter*.

Jean Delabroy, 3 décembre 2021

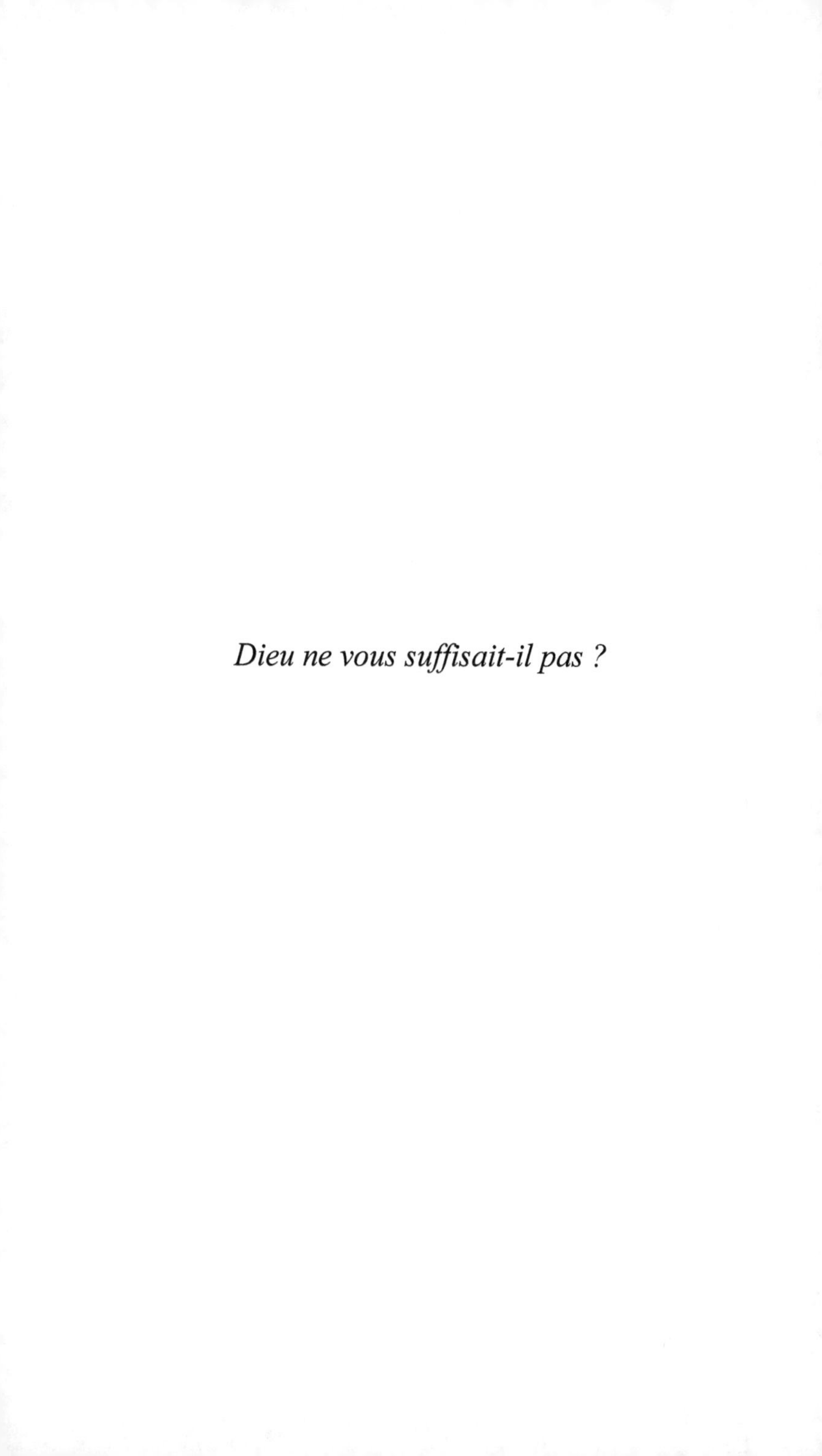

Dieu ne vous suffisait-il pas ?

Flots tumultueux des ans

Tant de larmes dormeuses
En terre voyageuse
S'emparent du tourment
Flot tumultueux des ans
Portant la poésie
Vers des contrées lointaines
En pays de prière
Vent du souffle lumière

Appesantissement de la main du Très-Haut

Entre rêve et nuit

Au plus vrai de la nuit
Pas de trêve sans vie
Comme un soldat blessé
Revenant du combat
Les armes déposées
Et les mains menottées
La parole asséchée
Rêve de roses, d'infini
Dans un profond silence
Il repense à l'enfer
Qu'il vient d'abandonner
Aux cercles vertueux
D'où naissent des carrés,
Mais voilà que la pluie
Cesse alors de tomber
C'est au loin sur la grève
Ô mendiant miséreux
Qu'il s'en ira prier

Mont Prière

Dans les versets
Du mont Prière
Les lettres lumineuses
Suspendues jusqu'au ciel
Éclairent ta présence
Dans l'ascèse de l'absence
Le symbole de la foi
Allégorie du mystère
Dessein de Dieu
Qui sauve l'homme
Dans son humble espérance
Sans jamais l'abandonner

Lumière

Tendre admirable mer
Je me jette à ton cou
En simple marinier
Je viens te saluer
Ô blancheur irréelle
Ta chevelure d'écume
Et tes lamelles d'argent
Cisèlent au gré des ans
La haute voûte céleste
Le bleu du firmament
Qui en toi se confesse
Abbesse d'un temps glorieux
Lumière des lumières
Plénitude de la vraie nuit

Espoir

Chant d'appétence
Douleur désespoir
Bonheur printanier
Pâle douce misère
Désirs ardents
Désert brûlant
Espoir né de poussière
Ô rivage doux amer
Des profondeurs abyssales
L'entendement voie éclairante
Des entrailles de la Terre
Aux splendeurs divines

Le rédempteur

Il sera Dieu
Réservoir du futur
Présent incliné
Temps réorienté

Vers d'autres ailleurs
Là où le ciel devient
Oiseau de Jupiter
Source vive de l'humanité

Vent de l'absent

Découpe de l'infini
Dans morceaux de ciel nu
Victoire du jour
Défaite de la nuit

Pensée occultée du règne absolu
Vertu d'un autre temps
Visible à l'œil cru
Cruauté de l'instant

Carapace d'inconscient
Enveloppe carcasse du vivant
Dans un vent de l'absent
Face à l'éternel levant

Cœur d'albâtre

Ô blancheur éclatante
De l'albâtre oriental
S'épanche sur nos cœurs
Comme notes de cristal
L'amour inépuisable
Telle lave en fusion
Coulée douce du bonheur
Dans l'imagination
Que danse le volcan
Dans le feu de nos yeux
Jusqu'à la fin des temps
Rions soyons heureux
Il règne tant de creux
Dans la mer sanglotant
Le monde n'a que faire
Des âmes larmoyantes
L'âme la plus heureuse
Ô plume malicieuse
Humaine et vertueuse
Endosse l'œuvre
De la plus longue nuit

Sans force ni armure

Sans pain de vie
Sans eau de pluie
Sans soleil sous nuit
Sans étreinte de loup
La louve est chaumière muette
Le loup rêve misère
Jusqu'à la frontière des possibles

Passeur de vie

Laboratoire infini
Où la vie se fait nuit
Dans l'anéantissement de l'humain
Un rien s'éteint
S'achemine vers la lumière
La beauté se fait reine
La reine se fait beauté
L'écriture atteint son apogée
Tout bruit émane du silence
Les âmes s'unissent dans une torpeur résignée
La battue s'organise pour en faire sortir la bête
L'animal qui sommeille au sein de l'homme
Dans la forêt immatérielle
Le labyrinthe infernal se poursuit
Dans le retranchement du bois essentiel
Ô silence passeur de vie

Aurores fleurissantes

En pays de tout âge
Lui et elle d'aucun âge
Passe-droit des poètes
L'amour se moque bien
Du dedans du paraître
Il est un hôte de marque
Sachons le reconnaître
Un être qui s'accommode
De la douceur des ans
Et même des jours d'orage
En pays de lumière
Les abîmes s'illuminent
Peu importe l'habillage
La bougie se consume
Dans le noir étincelant
Le rêve se rallume
Quand pointe le crépuscule
L'aurore est fleurissante
Ô jeunesse des rois
Se nourrissent du peu
Que la vie ressuscite

Leur mets principal
Festin aux pains dorés
De leurs cœurs enflammés
Et leurs yeux d'enfants tristes
Se marient au soleil automnal
Du cyprès chauve de Louisiane

Vertu cible bonheur

Les sycomores en pleurs
S'inclinent tout en douceur
Dans les allées dormeuses
Ô cœur infante douleur
Vertu cible bonheur
Le versant délaissé
De l'amour nouveau-né
Et son destin errant
Accueille chemin faisant
Des délices songeurs
L'âme brûlante de froid
Comme maison se meurt
Renaîtra de ses flammes
Au printemps vague à larmes

Les coteaux du silence

Au plus fort de la nuit
L'âme se réclame sans bruit
Dans un lit de bruyère
Tout respire misère
Et d'un gisant de pierre
Elle est ressuscitée
Sa voie est sans appel
Sa route toute tracée
Elle rejoint sa patrie
Le royaume des chimères
Pleure l'oiseau au matin
Sans même craindre la faim
Vers l'horizon sans joie
Un seul être sommeille
Dans la grandeur du ciel
Bienveillance et bonté
Font œuvre de piété
Aux coteaux du silence
Où coulent en abondance
Les forces exultantes

Jardin éphémère

L'oiseau siffle sur l'une de tes branches
Présent en ta propre mouvance
Il est énigme de l'insouciance
Il est verve et désespérance
Chemin de croix et endurance
Larmes de reconnaissance

Lucifer

Miroir de l'inconnu
Mystifiant le connu
Insidieuse lumière
À la frontière de l'âme
En limite du désespoir
Refoulant le destin
Ô drame du cœur humain
L'orgueil de Lucifer
Aux portes de l'enfer
Qui en tombant du ciel
D'un ange devenu diable
Une larme a suffi
À engendrer la nuit

Vie d'ascèse

Brume du hasard d'un soir
Réveil du brouillard phare
Éclairant l'infini
Les flots mugissants
Semblant être aux abois
Misère de l'existence
Et de son dépouillement
Vers une vie d'ascèse
Ô règne du silence
Ouvre les yeux à la lumière
Au prieuré de l'âme
En son chœur des anges
Motet a capella
La foi glacis du temps
Glisse vers le firmament

Stella-Matutina

Sur l'océan prière
Ciel et mer mon frère
Stella-Matutina
Trio à équidistance
De deux feux de bateaux
En un assaut d'élégance
Crucifix marin
Ô Sainte Trinité
Ce matin-là est né
Volonté élévatrice
Amour du prochain
Esprit de déduction
Les uns s'en vont rêver
Les autres partent travailler
Et la douce misère
En ce jour prospère
La solitude de l'être
Face à l'immensité
Le jour n'est pas levé
La paix est en partance
Le paradis trouvé

Des mains

Des mains sinueuses
Qui sculptent un pays
Liberté mise à nue
Ô gloire têtue
Langue vagabonde
Abonde sur lande inconnue
Recherche du temps perdu
S'arrête
Suspend sa course
Reprend sa route
Sous la pluie déferlante
Du désir mordant
La partie entamée
Du désir jaillissant
Se passent le flambeau
Vent arrière
Grand largue
Allures portantes
Sur la mer princière
Secrète ivresse auréolée

La matière s'agrippe au vent puissant
Sans chercher à atteindre le cap
L'amour dans l'infini voyage
Ne touche aucun rivage
D'orage et de lumière
Il vaque à sa prière

L'appel du loup

Le matin s'est levé
Dans les bois affamés
Le soleil seul témoin
Prit le pain dans sa main
Le rompit en disant :
« Mangez-en mon amour
Il est pour vous »
Nourriture des dieux
De la nuit éternelle
À la vie irréelle
Passage de l'une à l'autre
De l'éveil en sommeil
Au chant d'émerveillement
Torpeur sans pareil
L'appel du loup
Dans la forêt rebelle
La louve en état de veille
Ô lutte ardente de l'amour
De ses crocs affûtés
Au pelage lunaire
Gris et blanc de pâleur

Étreignant la douceur
Au seuil de nudité
Leur prière étant faite

Une voix sans appel
Dans le noir s'exclama
La vie, divine mère
Dans les nuées, s'exauça

Résilience

Dans l'infinie présence
Dans le ciel du vouloir
Croire en la survivance
L'instant sous-cutané

Dans l'infime espérance
Dans la tâche inachevée
Penser sa délivrance
En la tragique absence

Dans l'infinie sentence
Dans le souhait exaucé
Vivre sa résilience
Et puis se l'avouer

Dans le tout dernier cri
Dans le pain de souffrance
Édifier son église
Et s'en remettre à Dieu

La prière

Ô mère de la piété
Entends-tu ma prière
J'ai rencontré sur terre
Un être peu ordinaire
Qui évoque l'éternité
Nos deux êtres mêlés
De soie moirée poudrée
Fondent la même espérance
Et l'attente de nos cœurs
Comme cathédrale se pense
Construit notre bonheur
De tendres larmes sœurs
Ô mer malmenée
Par les rudes marées
Et les forts vents d'Éther,
Envelopperas-tu l'enfant
De ton écume moussue ?

Ciel de la présence

Puissance du combat
D'une vie de silence
Transmuter le visible
Vers la grande espérance

Derrière chose cachée
Profondeur s'y trouve
Sous cet habit ailé
Coiffé de vérité

On sort d'un labyrinthe
Pour pouvoir y entrer
Ô mains que Dieu fit
Dans le mystère de l'être

Épousailles créatrices
Au sein de l'inconscient
Accouchement du réel
Au ciel de la présence

La dernière des carmélites

Ô chant de mon âme
Peuplé de marguerites
Et de fleurs de pavot
Errant en liberté,
Combien de forces vives
Il me faudra aimer
Pour atteindre la rive
Du dernier paysage ?
Toutes ces frêles têtes
Dont le cœur est soleil
Tentent de converser
Avec un coquelicot,
Tailleur de calice
À la face de corolle.
La rosée se dépose
Au tout premier matin,
À la grâce du jour
Au ciel de son destin.
Cherche le rare trésor
Pour assouvir ta faim
Parmi les herbes folles
De cette fleur si tendre
Aux soupçons de pleine lune,

Elle s’en allait gaiement
Dans le fier printemps,
La sagesse hâte le pas
Dans le silence strident
Des faubourgs de l’amour,
La prairie généreuse
Sur la terre première
Reçoit notre prière.
Ô marguerites heureuses
Dansez énergiquement
En scandant vos pétales
D’or et de pureté
Sous le règne du vent,
L’offrande méritée
Des hommes pacifiés
Au sourire qui suscite
Paresse et bonhommie.
Ô merveille insondable
Douceur d’une mélodie
Divinement chantée,
Deux êtres prennent vie
Dans un cri inédit
De l’île de Stromboli
Aux pourtours circulaires,
Dans le même espace-temps
Deux mains se posent-là
Sur un visage mendiant,
Réceptacle d’un géant.

L'utopie crève le ciel
Quand le jour s'amoncelle,
La nuit est orpheline
Des étoiles en sommeil.
Ô lettres lumineuses
Suspendues jusqu'à Dieu,
Tous les soleils dormants
Sur tes moites paupières
S'inclinent sous tes yeux
En un trait de lumière,
Les flammes ondoyantes
Dansent en t'implorant
Demoiselle Marguerite
Élue fleur de l'année,
L'aînée des carmélites
Tremblante d'humilité.
Souhaites-tu partager
L'étincelant mirage
Et ses aubes nouvelles ?
Velléité d'un sourire
Au cœur de toute pensée
Qui exhorte à la patience
Aux prémices de l'hiver,
Dans son manteau neigeux
Pureté ostentatoire
Ô légèreté de l'être
Touche rouge garance
Sur champ impressionniste,

Aveugle tout à coup
Mon unique champ de vision
— Oui, dit-elle
Je réponds par l'affirmative
À ta quête stellaire.

Le coquelicot,
Tout à son écoute
Extirpa un à un
Chaque pétale de feu
Sur son cœur violoniste
— Voudrais-tu, lui dit-il
Parcourir avec moi
Ce pré vertigineux
Qui borde l'océan ?
Les jours de tempérance
Chevrotants de misère
Ne t'effraieront-ils pas ?
Je t'observe tout le jour
Tu sembles t'amuser
De la bêtise humaine,
Et choisis le retrait
À la parole avouée.

La franchise est un art
Que tu as su dompter,
Fleur parmi les fleurs
Dans la diversité

Aux lueurs de l'aube,
Mon ange Marguerite
Née entre ciel et terre
D'un nuage percé,
Tu éclaires ma route
De ce monde étranger
Où dans une eau dormante
Nagent toute espèce de poissons.
J'exprime mon indulgence
Et ma reconnaissance
À ce cœur meurtri
Que tu as sorti de l'eau.
Si tous ces flots de mots
Courent vers le silence
C'est la juste réponse
En ces jours d'absence,
Le regain de la paix
Dans le plat principal,
L'amour y est partage
L'eau pure n'est qu'ivresse.

Les nimbes assoiffés
Vers les cieux émergents
De la nuit dense et sombre
Au confluent guetteur,
Illuminent un avenir
Radieux et prospère.
Sache que sur la terre

Seule la marguerite
À l'affût de mes cris
Dans le plus grand secret
Fredonne toute guillerette
Cette mélodie de l'âme
Jamais encore chantée.
L'amour mis à nu
Sous le pli de la peau
Jusqu'aux replis de l'être
Sollicite tout désir
Dans l'âtre de mon cœur
Qui s'en va seul, rêver
Au chevet de ton âme.

— Coquelicot de vérité,
Dit la marguerite émue,
Ta voie accompagne
Les hommes de ce monde
À l'illusion voilée
D'un espoir assouvi,
Sais-tu que notre amour
Est pureté absolue.
Ô rêve de vesprée
Sur la lune vagabonde
S'en va nonchalamment
Vers le ciel demandeur.
La vague te ramène
Puis, fermement te prend,

Et le son qu'elle émet
Secrètement t'apprend
Les couleurs de la vie.
Ô pluie de chaque jour
Sur les voies éternelles
Magnifie cet amour
Sur les rives du levant
Au versant du couchant.
Je voudrais t'emmener
Dans un lieu où
Le Rien existe
Un endroit où
Il n'y a que toi.

L'amour est jaloux
Ma belle Marguerite,
Il faut en vérité
Que ta seule présence
Suffise à mon appel
Car il porte avec lui
La mort dans le désert,
En croyant être aimé
On se voit mal mené,
Le passé ressurgit
Du néant de la vie.
Penses-tu que
Je suis vide de tout ?
J'ai pour toute réponse

« Dieu seul est réservoir plein. »
Le cœur humain
À l'appel du loup
A pour crainte
D'être dévoré
C'est la loi du plus fort.
— Mon cher coquelicot
Tu n'es vide de rien
Puisque rempli de tout.
Dieu seul te nourrit
Par cette conversion.
Le secret à percer
T'élèvera si haut
Jusqu'au sommet des nues
Au bleu du firmament.
Ô langage divin
Faisant de toi un Sage,
Sache que l'immense amour
Se nourrit de l'espoir
De voir au dernier jour
La voie du grand Mystère.

Ces mots sont si troublants
Que dans un geste noble
La marguerite offre
Ces pétales au ciel.
Dans un abandon total,
Semblant sortir de terre

Elle crie à pleins poumons
Sa faim, sa soif d'exister,
Balade de deux cœurs
Dans un champ de rêveries
En recherche d'absolu.
Heures sacrificielles
Accrochées au présent
« N'aie pas peur »
Dit la marguerite
Ce sont les mots du Christ,
Dieu avec une infinie patience
Attend notre venue,
La vie à fleurs de mots
Dans ce lent bercement
Lorsque deux cœurs mêlés
Pensent le même horizon,
Sur l'herbe fraîche et folle
Allongés sur gazon

— Tant de grâce, de beauté
Dit le coquelicot,
Au bord des larmes,
Tandis que je disparais
Peu à peu de ce monde
Où je t'ai cherché
Puis enfin trouvé
À l'orée de ma nuit,

La vie donne raison à l’absurde
Quand la fin est inéluctable.

La marguerite :
— Je suis l’ombrelle
Que traverse le soleil
Dans les reflets du temps
Sur ton visage cristallin
Dans un wagon de nuit
Où plane un vent d’ailleurs,
Souvent âme lointaine
Ressurgit dans la peine,
Délaissant le présent
Et le bonheur latent.
Je garde en souvenir
Les bleus d’amour soupirs
Comme des soleils de mai
Au printemps de la Paix,
Au loin je vous devine
Mes deux petits soldats
Mis à feu et à sang
Par un désir mendiant,
Et tous les baisers fous
Sagement rangés au trou
Douce folie humaine
Faut-il qu’il m’en souvienne
La joie, cette assassine
Rêve de rébellion

À la morte-saison,
À l'automne mutin

Le coquelicot répond :
— Tes délicates pensées
Dans la gloire d'un matin
À l'apogée de l'amour
Et des revers du temps
Suspendues au voyage
Tels des mages d'Orient
Guidés par une étoile,

Tant de baisers flottants
Promènent leur bonheur
Sur des barques amarrées
Au cœur de Venise
Où j'aimerais t'emmener,
Vieux rêve soupirant
Aux portes des églises
Pour que jamais ne meurt
La tendre sollicitude
Des restes d'un festin,
Quand la flamme vacille
Au ciel si fragile
Où nous marchons
Vers un chemin de nuit,
Happés par un oiseau
Qui siffle l'aube nouvelle,
Le premier chant du jour

Ô œuvre de piété
Panse nos destinées
Au seuil d'éternité
Nos larmes étincelantes
Éclats d'adamantine
Viennent cogner la roche
Sagement fertilisée
Sur le pavé des ans,
Sous les ombres portées
Des mamelons momifiés
Soudainement élevés

Imprimé en Allemagne
Achevé d'imprimer en décembre 2021
Dépôt légal : décembre 2021

Pour

Le Lys Bleu Éditions
40, rue du Louvre
75001 Paris

www.ingramcontent.com/pod-product-compliance
Lightning Source LLC
La Vergne TN
LVHW050338160826
845677LV00014B/3677

* 9 7 9 1 0 3 7 7 4 8 6 9 0 *